KB139065

be you

글·그림 허다솜 Dasom Her

I am love

You are love

We are love

당신은 사랑입니다

Please enjoy the contents

Serially, randomly, any way you like!

목차 없는 책

편하게 마음 가는 대로 읽어보세요.

namaste

나마스떼

The Divine in me bows to the Divine in you.
내 안의 신성이 당신 안의 신성에 경배합니다.

i am here
to treasure
this moment
with you

당신과 함께 이 순간을 소중히 나누고 싶습니다.

Hello! Welcome to my world!

As you open this book and flip through the pages,
I hope my world makes you feel welcomed and loved.

Books are my friends, and I hope I can be friends
with you through my book.

I wished to make this book a playground where my thoughts and
doodles could play, and my readers could have fun.

Enjoy!

환영합니다

안녕하세요. 저의 세상에 오신 것을 환영합니다!

여러분이 이 책을 펼치고 페이지를 넘길 때, 저의 사랑이 전해지면 좋겠습니다.

책은 저의 친구이니 책을 통해 여러분과 제가 친구가 될 수 있기를 바랍니다.

이 책이 저와 독자들이 함께 생각하고
마음이 이끄는 대로 움직일 수 있는 놀이터가 되기를 원합니다.

행복한 시간 되세요!

잠시만요.

disclaimer

Here I have tried to be raw and myself.
I wrote the way I think in English and Korean.
Hence, it is not a word-to-word translation.
The focus is on the vibe.

제가 가진 모습 그대로 표현하고 싶었습니다.

영어와 한국어로 생각하는 대로 글을 썼습니다.

저의 느낌을 전달하는 데 초점을 두었기에

단어 대 단어의 번역이 아닌 경우도 있으니

여러분도 여러분의 느낌대로 여행하세요.

who am i?

I am an earthling, an alien to another alien. I guess you are too.

Family Name: Her(Indian Queen Suriratna's lineage)
Korean Name: Dasom(LOVE)
Sanskrit Name: Nirmala(PURE)
Nickname: Luna(MOON)
Alias: Luna Yogini(on YouTube & Instagram)

They say your name is important because it sends out the vibration it holds. I love my name. I love its meaning—love. Please do not cringe, but I believe we are all made of love. You are love. I am love. We are love. Hence, I have a personal slogan that I love to shout out—
"Be you! Be love!"

I am Dasom Her, AKA Luna Yogini. I choose to walk on the path of love every day. It is not always easy. The path of love teaches me to be myself, to be all of me, and I might not like 'all of me' always.

But it helps me to embrace myself in the darkest of days and discover myself in the process.

Who am I? In three words, I am a learner, a warrior, and a lover.

* Who are you?
(I find it very important to reflect on who we are from time to time, on our life and direction. Please take a moment and ask yourself who you are. You are all of that and love.)

나를 찾아가는 여정

저는 지구에서는 지구인, 외계인에게는 외계인. 당신도 그렇죠?

성: 허(인도 공주 허황옥의 후손)

한국 이름: 다솜(사랑)

산스크리트어 이름: 니르말라(맑음)

별명: 루나(달)

별칭: 루나 요기니(유튜브, 인스타그램 이름)

이름이 중요하다고 합니다. 이름을 부를 때마다 이름이 가진 뜻이 파동으로 전달되기 때문이겠지요. 저는 저의 이름을 사랑합니다. 사랑이라는 뜻을 가지고 있는 저의 이름.

우리는 모두 사랑의 창조물입니다.

당신은 사랑입니다.

저도 사랑입니다.

그래서 제가 항상 외치는 저의 슬로건이 있습니다.

"당신이 되어라! 사랑이 되어라!"

저는 루나 요기니로 알려진 허다솜입니다. 매일 사랑의 길을 선택하고 있습니다. 늘 쉬운 건 아니에요. 그러나 사랑의 길은 나에게 내가 되고, 나의 모든 것이 되도록 가르쳐 줍니다. 저의 모든 것을 좋아하지 않을 때도 있지만 그런 어두운 날에도 저를 포용하는 방법을 가르쳐 줍니다. 이 과정을 통해 저 자신을 사랑하며 발견합니다.

저는 사랑의 길을 걸어가는 전사, 매일 자신을 알아가는 전사 허다솜입니다.

* 당신은 누구신가요?
(때로 우리가 누구인지 되돌아보고, 우리의 삶과 방향을 되돌아보는 것은 아주 중요하다고 생각합니다. 잠시 시간을 갖고 당신이 누구인지 스스로에게 물어보세요. 당신은 그 모든 것이고 사랑입니다.)

I grow
to be fuller
every day

매일매일 더욱 충만하게 자라고 있습니다.

사랑은 자라납니다.

love grows

why am i writing this book ?

Today I am here with my doodles and scribbles to share my love with you. I believe each of us have something unique to share and we make this world a better place by expressing our true selves. I have tried to walk the talk by writing this book.

You will find a lot of faces and colours waiting for you. They are the reflection of how I look at the world. I witness the world to be a very colourful place. Every day I learn how a colour can have so many different shades. These shades make my life meaningful and abundant.

I also shared my love for Sanskrit. Thousands of years ago, the Sanskrit language was developed for the expansion of consciousness. I chose some of my favourite Sanskrit words so that you can have a taste of the language.

I know that nothing in this book is perfect. But it is what it is. Every bit of it is me, and I wish to acknowledge that with all my heart.

I hope that my book also gives you the courage to embrace yourself just the way you are.

제가 왜 이 책을 쓰고 있을까요?

오늘 여러분과 사랑을 나누기 위해 저의 생각이 담긴 낙서와 메모를 펼쳐 봅니다. 우리는 모두 독특합니다. 우리의 진정한 모습을 표현함으로써 이 세상이 더 아름다운 곳이 된다고 믿습니다. 이 책을 통해 그 믿음을 실천해 봅니다.

많은 얼굴과 색들이 여러분을 기다리고 있습니다. 제가 세상을 어떻게 바라보는지 느껴 보실 수 있을 거예요. 세상은 매우 다채로운 것 같아요. 매일매일 색깔 속에 숨어 있는 또 다른 색깔을 발견하고 감동하실 거예요. 이 색깔들은 우리들의 삶에 의미와 풍요로움을 선물합니다.

제가 좋아하는 산스크리트어는 고대 인도의 언어입니다. 수천 년 전에 의식의 확장을 위해 과학적으로 조성된 언어지요. 여러분들도 발음해 보고 조금 느껴 보면 좋겠다는 바람으로 공유합니다.

이 책의 어떤 것도 완벽하지 않습니다. 현실 그대로의 모습입니다. 그러한 모습 자체가 저라는 것을 받아들이며, 제 책이 여러분이 있는 그대로의 자신을 사랑하는 데 용기를 주면 좋겠습니다.

창의성은 우리의 마법 지팡이

Creativity is our magic wand

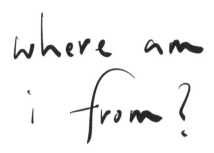

where am i from?

I was born in the dynamic land of South Korea. My father was from Jeonju, and my mother from Jeju island. Hence, I am a pure Korean by blood. As I grew up in India from the age of five, my heart calls both India and Korea to be my home.

After years of my stay in India, I felt a little upset during the immigration check. The Indian officer duly asked for the purpose of my visit, and I promptly replied in Bengali, saying,
"Ami Bari Phirlam. Barite Keno Phirlam Jiggesh Korle Amar Kemon Lagbe Bolun Toh?"
(I've returned home, and if you ask me why I've returned home, how do you think I would feel?)
The officer smiled and welcomed me with no further questions.

India and Korea are considered to be two different countries. But to me, they are my borderless homes.

ओकस,
o k a s
HOME

오꺼쓰(집)

Super Mom

You followed your heart and took me to India. You made a home for me beyond borders.
Your life taught me how to love by following my heart.
This is the greatest gift I have received
in my life. I could not have asked for more.
I love us. I love how we can follow our hearts every day.

엄마는 마음이 이끄는 대로 저를 인도로 데려가셨어요. 국경 너머에 집을 만들어 주었습니다.

저는 엄마의 인생을 통해 사랑하는 법을 배웠고, 이것은 가장 큰 선물이라고 생각합니다.

저는 우리가 너무 좋아요. 우리의 마음을 따라 하루하루 살아가는 게 너무 좋아요.

사랑은 포용합니다.

love accepts |

인도라는 집을 얻다

저는 사랑과 예술의 기운이 넘치는 한국 땅에 태어났습니다.
아버지는 전주 출신이고 어머니는 제주도 출신입니다. 저는 순수 한국인입니다.
하지만 다섯 살 때부터 인도에서 자라면서 인도와 한국 두 나라가
저의 집이 되었습니다.

오랫동안 인도에 정착해 살다가 어느 날 한국 방문 후 다시 인도로 들어갈 때,
입국 검사대에서 기분이 좀 묘했습니다. 입국 검사대 담당자가
저의 방문 목적을 물었고, 저는 즉시 벵골어로 답했습니다.
"아미 바리 피르람. 바리떼 께노 피르람 지게쉬 꼬를레 아마르 께몬 라그베 볼룬 또?"
(집에 돌아왔는데, 집에 돌아온 이유를 물어보시면 저의 기분이 어떨 것 같아요?)
그분은 환히 웃으시며 더 이상의 질문 없이 저를 환영해 주었습니다.

인도와 한국은 다른 나라지만, 저에게는 국경 없는 저의 집입니다.

love connects |

사랑은 이어줍니다.

I have appointed myself as the cultural ambassador of India and Korea.
This is my calling—bridging cultures and linking hearts.

저 자신을 인도와 한국의 문화 대사로
임명했습니다. 문화와 예술을 통해
두 나라를 이어가는 가교 역할을
사랑하기 때문입니다.

Love is here

사랑이 여기 있습니다.

사랑할 수 있을 때 사랑해요.

love more
when you can !!

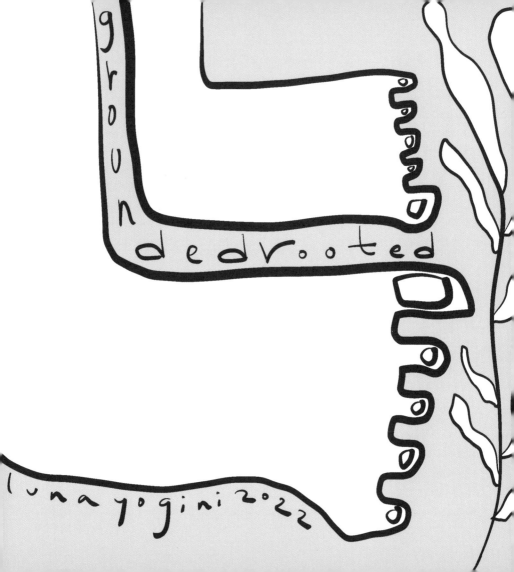

my roots

At the end of my teenage years, I went through an identity crisis. I was an awkward Korean teen who knew more facts about India than Korea, who could relate more to the humour of Indians than Koreans, who knew more about Indian film stars than Korean idols. My Korean was not bad, but my Bengali and English skills seemed to take the stage. I mostly hung out with my Indian friends. I was blessed enough to find my mains in India. But I must admit there were those very few subtle moments when I felt disconnected from them too. I was neither a Korean nor an Indian. I felt more comfortable visualising myself as an alien from rainbow land. I guess I feared that neither Indians nor Koreans would fully understand and accept me as I am.

Now when I look back, I feel that I was naive in many ways. But luckily, I had a great support system. I especially remember one incident where one of my cousins smiled and said, "Isn't it amazing that you can feel the hearts of both Indians and Koreans?" That struck me, and I realised I was missing out on the bigger picture as I was so invested in trying to fit in. It is funny how a shift in perspective can change the world we experience.

As I started to acknowledge my existence, I slowly began to understand that my home was always with me, inside me. I was rooted all along. India and Korea resided in my heart, but my being was larger than my understanding. Hence, every day I keep exploring a little deeper about myself, letting my roots grow down.

한 걸음 한 걸음

사랑은 극복합니다.

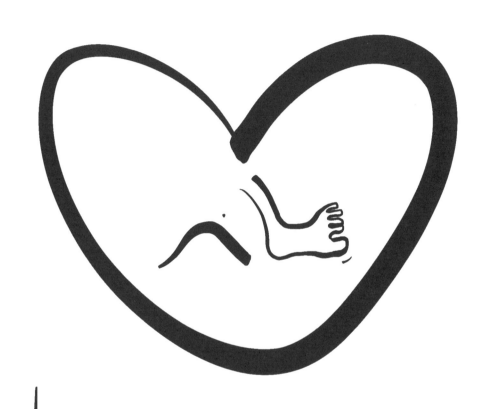

love overcomes

나의 뿌리

10대 후반에 정체성의 위기를 겪었습니다. 저는 한국보다 인도에 대해 더 많은 것을 알고, 한국인보다 인도인들의 유머에 더 공감하고, 한국 아이돌보다 인도 영화배우에 대해 더 많이 알고 있는 어색한 한국의 십대였습니다. 한국어 실력은 나쁘지 않았지만, 벵골어와 영어 실력이 더 빛났습니다. 저는 주로 인도 친구들이랑 놀았습니다. 가족 같은 존재들을 인도에서 만날 수 있었지요. 하지만 그들과도 단절감이 느껴지는 아주 미묘한 순간들이 있었습니다. 한국인도 인도인도 아닌 저 자신을 무지개 세상에서 온 외계인이라고 상상하는 게 편했습니다. 인도인도 한국인도 나를 완전히 이해하고 받아들일 수 없다고 생각했기 때문입니다.

지금 돌이켜보면, 저는 참 순진하고 어리석은 점이 많았습니다. 하지만 정말 다행히도 제 곁에는 저를 진심으로 사랑하고 응원하는 사람들이 있었습니다. 특히 사촌 오빠가 웃으며 한 말에 크게 감동받았습니다.
"인도인과 한국인 모두의 마음을 느낄 수 있다니 너무 좋겠다!"
제가 어느 한쪽 세상에 어울리려고 노력하느라 더 큰 것들을 놓치고 있다는 것을 깨달았습니다. 바라보는 시각이 바뀌면 세상도 바뀐다는 것을 경험했습니다.

저 자신을 있는 그대로 받아들이기 시작하면서, 저의 집이 항상 제 안에 함께 있었다는 것을 서서히 알게 되었습니다. 저는 내내 뿌리를 내리고 있었던 것입니다. 인도와 한국이 저의 마음에 함께하고 있었고, 저는 미지의 세상을 향해 걸어가고 있었습니다. 제 뿌리가 자라도록 하면서 날마다 저에 대해 조금씩 더 깊이 알아갑니다.

Being the daughter of two yoga practitioners,
meditation became a part of my life since the very beginning.

두 요가 수행자의 딸로 태어났기에 명상은 어렸을 때부터 제 삶의 일부가 되었습니다.

let love reign
all over the world

We are trees of love

Sowing seeds of love

We bloom to love

We bloom with love

We are trees of love

We are here to love

사랑이
세상의 동력이 되게 하소서

우리는 사랑 나무입니다

사랑의 씨앗을 뿌립니다

사랑하기 위해 피어나고

사랑으로 피어납니다

우리는 사랑 나무입니다

우리는 사랑하러 여기 왔습니다

love heals

사랑은 치유합니다.

사랑은 당신의 모든 것을 포용합니다.

the treaty of love

I hereby promise to remind myself of my loving existence.

EVERYDAY.

("I am love" - Make it your mantra.)

Your sign of love :

사랑의 협약

저는 저 자신이 사랑의 존재라는 것을

매일 매 순간

상기할 것을 약속합니다.

("나는 사랑이다"- 이것을 당신의 만트라로 만드세요.)

사랑의 서명 :

I see no walls
I hear no evil
I smell no anger
I speak no hatred
I sense no jealousy
I feel no greed

Love takes us beyond by embracing all that we are.

사랑…

벽이 보이지 않아요

악이 들리지 않아요

화를 맡지 않아요

미운 말을 하지 않아요

질투가 느껴지지 않아요

욕심이 나지 않아요

사랑은 있는 그대로를 받아들여 스스로를 뛰어넘게 합니다.

사랑은 해결합니다.

love mends

긴장을 풀고 활짝 웃으세요.

사랑은 미소 짓게 합니다.

love smiles l

Isn't it love that opened your heart?

사랑이 당신의 마음을 열지 않았나요?

love endures |

사랑은 인내합니다.

प्रकृति
prakṛti
NATURE

쁘러끄리띠(자연)

love blooms|

사랑은 피어납니다.

why did i go to India at such a young age?

They say that we choose our parents. If so, I think I made the best decision to choose mine. They met for their love of Yoga and Indian spirituality. They got married, and finally, I had my chance to come on Earth.

My father passed away when I was three. It was then when my mother decided to take me to India. She wanted to raise me in a country where I would get to experience different cultures and languages, and widen my spectrum of understanding. She believed that India would help me grow into an inclusive and loving being. I celebrated my fifth birthday in India, and I continued to live in the incredible land of India for the next twenty-eight years.

니르와넘(지복)

선택

자식이 부모를 선택한다는 말이 있는데, 저는 부모님을 정말 잘 선택했다고 생각합니다. 저의 부모님은 요가와 인도 영성을 통해 만나 결혼하셨고, 마침내 제가 지구에 올 기회를 얻었습니다.

아빠는 제가 세 살 때 돌아가셨습니다. 그 시점에 엄마가 저를 인도에 데려가기로 결정하셨는데, 제가 다양한 문화와 언어를 경험함으로써 이해의 폭을 넓히길 바라셨기 때문입니다. 엄마는 인도가 저를 포용적이고 사랑스러운 존재로 성장할 수 있도록 도와줄 것이라고 믿었습니다. 저는 인도에서 제 다섯 번째 생일을 맞았고, 그 후 28년 동안 인도라는 놀라운 땅에서 살았습니다.

우리의 길은 다를지라도 우리는 같은 땅에 서 있습니다.

Our paths
are different,
but we stand
on the same
earth

śuci

PURE

슈찌(맑은)

मार्ग:
margah.
PATH

마르거허(길)

사랑은 공존합니다.

love coexists |

friends

There are a few friends who are always by your side.
They are your match-made-in-heaven.
They are your companions for life.

You can meet them only when you yearn to know and love yourself.
They are waiting to be discovered right inside you.

I have three besties— dance, yoga, and art.
I might be alone in a room, but I am never alone.

They lift me.
They heal me.
They are me.

써하여허(친구)

친구들

몇 명의 친구들은 항상 당신 곁에 있습니다.

하늘에서 만들어진 친구들.

인생을 같이할 친구들.

이 친구들은 당신이 진심으로 자신을

알아갈 때, 사랑할 때 만날 수 있게 되지요.

그들은 당신 속에서 당신을 기다리고 있어요.

저는 세 명의 절친이 있습니다.

춤, 요가 그리고 예술.

방에 혼자 있어도 혼자가 아니에요.

그들이 저를 일으켜 줍니다.

그들이 저를 힐링시켜 줍니다.

그들은 바로 저 자신입니다.

허르셔허(기쁨)

Sprinkle your seeds of magic.
They will bloom in time
Like butterfly wings.

마법의 씨앗을 뿌리세요.
언젠가 피어날 거예요
나비의 날개처럼요.

ज्योत्स्ना

jyotsnā

MOONLIGHT

좃쓰나(달빛)

쓰웝쁘너허(꿈)

사랑은 기다립니다.

love waits |

Communicate with love,
With an openness to understand.

Choose words with care,
Words that truly speak for your heart.

Follow your heart,
You will know what to say.
You will know how to speak the language of love.

므리두(부드러운)

소통

사랑의 소통

마음의 문을 활짝 여는 대화

섬세한 배려로 선택한 말

당신 가슴의 진짜 말

가슴을 따르면

마음의 말이 탄생해요

사랑의 언어가 환히 반겨요

나의 모든 것을 받아들일 때 나는 온전해집니다.

i feel whole when I am able to accept my all

love forgives |

사랑은 용서합니다.

विद्या
vidyā
KNOWLEDGE

뷔디야(지혜)

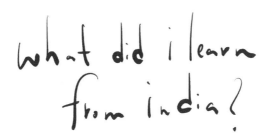

what did i learn from india?

India's diversity taught me to have a big heart—a heart that includes all. I learnt to be generous and giving like the aunties who would feed us nonstop. I learnt that happiness can be found in little things such as getting wet in the rain, walking barefoot, drinking chai, and looking up at the sky. I learnt that being healthy was not just about physical fitness, but the overall well-being of the body, mind, and spirit. I learnt to coexist not only with fellow earthlings, but also with mother nature and her children. The spirit of India taught me that nothing was impossible. This gave me the strength to keep moving forward.

My heart is full. I am eternally grateful to India for raising me into the person I am today.

I have so much more to learn and explore in India. It will take a lifetime, and I am ready for it!

나는 인도에서 이렇게 배웠다

인도의 다양성은 저에게 모든 것을 포용하는 큰마음을 갖도록 가르쳤습니다.

따뜻한 인도 사람들의 밥상에서 관대하고 베푸는 마음을 느끼고 배웠습니다.

비에 젖고, 맨발로 걷고, 차 마시고, 하늘을 쳐다보는

그런 작은 일에서도 행복이 찾아올 수 있다는 것을 배웠습니다.

몸과 마음이 같이 건강해야 우리가 건강하게 살아갈 수 있다는 것을 배웠습니다.

지구인들뿐 아니라 자연과 공존하며 사는 법을 배웠습니다.

인도의 정신은 저에게 불가능은 없다는 것을 가르쳐 주었습니다.

그런 가르침이 저를 계속 앞으로 나아가게 합니다.

제 인생에 인도가 없으면 오늘의 저도 없었겠죠?

저의 마음이 꽉 차오릅니다.

감사한 마음밖에 없습니다.

I will never forget my friends and teachers from Calcutta
International School. My life in India could start on a happy note
because of them. They will forever be in my heart.

캘커타국제학교에서 만난 선생님과 친구들 덕분에

저의 인도 여정을 행복하게 시작할 수 있었습니다.

저의 가슴 속에 영원히 간직할 거예요.

My school days in Patha Bhavana are golden to me.
I met teachers who loved what they taught. I met my BFFs
who read my heart. I met myself who loved to dance and express.
I met them all underneath a tree.

파토 버본에서의 학창시절은 황금빛 날들이었습니다.

자신이 좋아하는 걸 가르치시는 선생님들을 만났습니다.

제 마음을 읽어 주는 베프들도 만났어요. 춤과 표현을 좋아하는

저 자신도 만났습니다. 저는 나무 밑에서 그 모두를 만날 수 있었습니다.

I received a gold medal for securing the first rank
in my BA Yoga examination from the then-President of India,
Pranab Mukherjee. It was a very honourable moment.
I still remember the warm smile on his face.

BA 요가학과 수석 졸업으로 당시 인도의 대통령 프러너브 무커지께
금메달을 받았습니다. 정말 영광스러웠습니다.
아직도 그분의 따뜻한 미소가 기억납니다.

love nourishes |

사랑은 영양분을 줍니다.

I have learnt various Indian traditional dance forms such as
Bharatnatyam, Manipuri, Kathakali, and Rabindranritya.
Dance makes me feel whole and connected to myself and the world.

버러뜨나띠염, 머니뿌리, 꺼터껄리, 러빈드러느리떠 등
다양한 인도 전통춤을 배웠습니다.
저는 춤을 통해 저 자신과 세상과 소통합니다

The Sanskrit word 'Yoga' means 'union'. Yoga is a way of life that unites us with our Higher Self. It is not just an exercise. It is not just a theory in an ancient book. It is a living teacher that helps us grow into our best version. It makes sure that we live a wholesome life by taking care of our body, mind, and spirit.

'요가'는?
'합일'을 의미하고 우리 자신을 우주적 자아와 결합하는 삶의 방식입니다.
또한 우리가 최상의 모습으로 성장할 수 있도록 도와주는 살아 있는 선생님입니다.
요가는 우리의 몸과 마음과 정신을 돌봄으로써 온전하게 사랑으로 존재하는 방법을 가르쳐 줍니다.

낮과 밤이 있으므로 세상은 계속 나아간다.

빛과 어둠이 있으므로 우리도 계속 나아간다.

#삶

the world needs
both day & night
to keep going...
We need both light
and darkness to keep
going... #LIFE

Title. The Tribe in Me: The Source
13.8"x13.8" [Mix Media]
2018

Title. The Tribe in Me: Reflecting
13.8"x13.8" [Mix Media]
2018

Title. The Tribe in Me: Blooming
13.8"x13.8" [Mix Media]
2018

Title. The Tribe in Me: Merging
13.8"x13.8" [Mix Media]
2018

Title. The Tribe in Me: Chaos and Connection
R. 7.9″ [Mix Media]
2018

We are all broken in some ways.
But if we are willing, we can piece them together, and make art.
However, that does not mean that you break yourself
to make it happen.
You make it happen with whatever you have, with all that you are.

우리는 모두 부서진 조각을 가지고 있어요.

우리가 원한다면 이 조각들을 모아 작품을 만들 수 있지요.

하지만 그렇다고 그 작품을 만들기 위해 우리를 부술 필요는 없어요.

당신이 가지고 있는 것으로,

당신의 온 존재로,

만드세요.

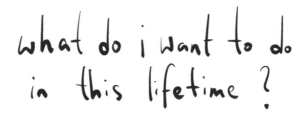

what do i want to do in this lifetime ?

I am someone who loves to do different things. I explore myself by doing the things that I love. For a long time, I felt envious of friends who could fall in love with just one thing. I felt they knew deeply about what they loved, while I was a jack of all trades, a master of none.

It took me a while to understand that I was learning about love through everything I did. Slowly I learnt to stop comparing my life with others. I learnt to appreciate everyone's unique journey, including mine. I realised that we were all here to learn through our own stories.

My present story— I create content on platforms such as YouTube and Instagram, conduct healing workshops, and work as a bridge between India and Korea through my Satya Indian Institute of Culture and Arts.

I still have days when I feel utterly lost, but one thing which has changed my life is how I face my darkness. Now my heart is open to the experience, and I am kinder to myself. I acknowledge that whatever is happening is happening to help me grow. This shift in perspective helps me trust the process and keep going.

"I am a learner, a warrior, and a lover.
I keep walking on the path of love.
I breathe. My heart expands.
I embrace myself. I embrace my life."

Dancing, doodling, chanting, and Yoga help me heal myself.
I share this healing space through my workshops.

댄스나 그림, 챈팅이나 요가는 저 자신을 치유하는 도구들입니다.

저는 워크숍을 통해 치유의 공간을 만듭니다.

사랑은 도와줍니다.

사랑의 길

저는 여러 가지 일을 하는 것을 좋아합니다. 그 모든 것을 통해 저를 발견하곤 합니다. 하지만 저는 한동안 한 가지를 사랑하는 친구들이 부러웠습니다. 자신이 사랑하는 것에 대해 깊이 알고 살아가는 것이 멋있게 보였습니다. 반면에 저는 한 가지도 제대로 모르는 것 같았지요.

제가 하는 모든 일을 통해 사랑에 대해 배우고 있다는 것을 이해하는 데 시간이 걸렸습니다. 서서히 저의 삶을 다른 사람들과 비교하지 않게 되었습니다. 저를 포함해 모든 사람의 독특한 여정이 아름답게 보이기 시작했기 때문입니다. 우리 모두 자신의 이야기를 통해 성장하고 있는 걸 보았습니다.

저는 현재 유튜브와 인스타그램 같은 플랫폼에서 콘텐츠를 만들고, 힐링 워크숍을 진행하며, 서떠인도문화예술연구소를 통해 인도와 한국을 연결하는 길을 연구하고 있습니다.

지금도 모든 것이 혼란스러운 순간이 문득 찾아오지만, 제 삶을 바꾼 한 가지 방법은 제가 어둠을 어떻게 마주하느냐입니다. 저는 이제 어둠을 두려워하지 않습니다. 제게 일어나는 모든 것들이 저의 성장을 돕는다는 것을 알았기 때문입니다. 이러한 관점의 변화는 제가 이 과정을 믿고 계속 나아가게 합니다.

"나는 매일 배우며 사랑의 길을 걸어가는 전사다.

나는 숨을 들이쉬고 가슴을 확장한다.

나는 나 자신을 통해 내 삶을 받아들인다."

i wish the children grow up to be themselves

아이들이 자라서 그들 자신이 되길 소망합니다.

사랑은 아낌없이 줍니다.

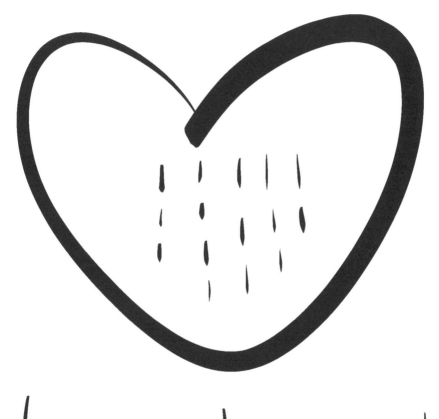

love showers |

와리(물)

param

BEYOND

뻐럼(너머에)

사랑은 빛납니다.

love radiates

Be a warrior
A warrior of light and love
A warrior seeking to end violence
A warrior who is brave enough to face his/her limitations
and goes beyond
A warrior who walks gracefully on the path of gratitude

전사가 되어라

빛과 사랑의 전사

혼란에 끝장을 내는 전사

자신의 한계를 받아들이며 넘어서는 용감한 전사

늘 감사한 마음을 갖고 나아가는 전사가 되어라

my gratitude note

I offer my grateful heart to all beings on Earth and above.
I am here because you are here.

Namaste

지구상의 모든 존재와 그 위에 있는 모든 존재에게 감사한 마음을 전합니다.
당신이 있어 저도 여기 있습니다.

나마스떼

나마스떼- 당신과 나를 연결하는 언어

namaste

connects you & me |

 Luna Yogini

luna_yogini_official

lunayogini@naver.com

Hope to see you again!
또 만나요!

마법이 당신 앞에
펼쳐지는 것을 믿지요,
당신?

인생은 동화와 같다.
스스로 자신이 될 때
마법이 일어난다.

자신을 소중히 여겨라.

사랑하는 사람을 소중히 여겨라.

삶이라고 불리는

이 순간을 소중히 여겨라.

이 세상이 아무리 어두워져도

우리는 사랑으로 이겨낼 것이다.

사랑은 언제나 옳은 길로 나아간다.

메종인디아 트래블앤북스

문명의 발상지로서 오랜 역사와 다채로운 문화를 대표하는 인도를 중심으로 여행을 만들고 쓰고 그리며 책으로 출판합니다. 인도를 고대부터 동시대 현대까지 보다 친근하고 세련되게 편견 없이 올바르게 잘 보여주기 위한 방법을 늘 고민합니다. 더불어 인도를 여행해야 할 이유를 끊임없이 만들어 갑니다. 그리하여 여행에서 길어 올린 샘물 같은 이야기와 여행지의 고유한 가치가 담긴 문화유산을 가꾸는 책을 만듭니다.

Maison India Travel & Books

is a place where we make, write, draw, and publish books centering on India. We try to portray India correctly, from ancient to contemporary times, with a friendly yet sophisticated approach withstanding any form of prejudice. We constantly discover reasons to travel to India. Hence, we make books with valuable stories and insights of travelers from India.

be you

초판 1쇄 발행 2022년 10월 25일

글·그림 | 허다솜
펴낸이 | 전윤희
디자인 | 올콘텐츠그룹
펴낸곳 | 메종인디아
주소 | 서울시 서초구 방배로23길 31-43 1층
전화 | 02-6257-1045
ISBN | 979-11-971353-3-0   02190
홈페이지 | www.maisonindia.co.kr
전자우편 | welcome@maison-india.net
출판등록 | 2017년 5월 18일 제2017-000100호

First edition, first publishing | Oct. 25, 2022

Written & Drawing by | Dasom Her
Published by | Yunhee Chun
Designed by | AllContentsGroup
Publication House | Maison India
Address | 31-43, Bangbae-ro 23-gil, Seocho-gu, Seoul, 1st floor
Phone | 02-6257-1045
ISBN | 979-11-971353-3-0   02190
Homepage | www.maisonindia.co.kr
E-mail | welcome@maison-india.net
Publishing registration | May. 18, 2017-000100

be love